Bibliografische Information der Deutschen Nationalbibliothek:

Die Deutsche Bibliothek verzeichnet diese Publikation in der Deutschen National-
bibliografie; detaillierte bibliografische Daten sind im Internet über http://dnb.d-
nb.de/ abrufbar.

Impressum:

Copyright © 2007 GRIN Verlag, Open Publishing GmbH
Druck und Bindung: Books on Demand GmbH, Norderstedt Germany
ISBN: 9783640648566

Dieses Buch bei GRIN:

http://www.grin.com/de/e-book/152914/eine-darstellung-der-gegensaetzlichen-
protagonisten-tonka-und-er-aus

Janine Jung

Eine Darstellung der gegensätzlichen Protagonisten Tonka und "Er" aus Robert Musils gleichnamiger Novelle 'Tonka'

GRIN Verlag

GRIN - Your knowledge has value

Der GRIN Verlag publiziert seit 1998 wissenschaftliche Arbeiten von Studenten, Hochschullehrern und anderen Akademikern als eBook und gedrucktes Buch. Die Verlagswebsite www.grin.com ist die ideale Plattform zur Veröffentlichung von Hausarbeiten, Abschlussarbeiten, wissenschaftlichen Aufsätzen, Dissertationen und Fachbüchern.

Besuchen Sie uns im Internet:

http://www.grin.com/

http://www.facebook.com/grincom

http://www.twitter.com/grin_com

TU Darmstadt

Institut für Sprach- und Literaturwissenschaft

PS Robert Musil: Erzählungen

Sommersemester 2007

Eine Darstellung der gegensätzlichen Protagonisten Tonka und "Er" aus Robert Musils gleichnamiger Novelle *Tonka*

Janine Beheim

BA Germanistik (2. Fachsemester)

Wirtschaftswissenschaften (2. Fachsemester)

Inhaltsverzeichnis

0.   Zielsetzung der Arbeit

Gegenstand und Ziel der vorliegenden Arbeit ist es, das Bild der weiblichen Protagonistin Tonka und das des namenlosen Protagonisten "Er" zu betrachten und unter verschiedenen Blickpunkten miteinander zu vergleichen, um letztendlich deren Gegensätzlichkeit darzustellen.

Um sich am Ende der Arbeit unter Gliederungspunkt 6. der Frage anzunähern, ob Tonka die unterentwickelte 'andere' Seite des Protagonisten darstellt, sollen zuerst Themen bearbeitet werden die zu dieser Lösungsfindung beitragen und im einzelnen aufeinander aufbauen und verweisen.

Da die Person der Protagonistin Tonka fast ausschließlich durch Erzählungen des namenlosen Protagonisten "Er" reflektiert und charakterisiert wird, soll zusätzlich zur Darstellung Tonkas unter Gliederungspunkt eins, unter dem 3. Gliederungspunkt die "Wesenszüge des namenlosen Protagonisten "Er"" dargestellt werden.

Im Folgenden nehmen die Gliederungspunkte "Rationalismus vs. Irrationalismus" sowie "Glauben vs. Wissen – Der Protagonist auf der Suche nach der Wahrheit" Bezug auf die Wesensdarstellungen der Protagonisten Tonka und "Er".

Das Ergebnis der vorliegenden Arbeit soll darin liegen, sich dem letzten bereits genannten Gliederungspunkt durch die vorangegangenen anzunähern.

Die der Arbeit zugrunde liegende Forschungs- und Sekundarliteratur von Bernhard Grossmann und Weiteren, befindet sich aufgelistet in der Bibliographie. Diese trugen dazu bei, die von meiner Person gestellten Thesen aufzubereiten und zu untermauern.

1 Wesenszüge Tonkas – Die Irrationalistin

Die Person der weiblichen Protagonistin Tonkas ist wie bereits in der "Zielsetzung der Arbeit" genannt, fast ausschließlich durch den Erzählvorgang des Protagonisten dargestellt, welcher die Handlung als eine Art Verarbeitungsvorgang des damals Erlebten erzählt[1]. Der Kurzname Tonka ist zurückzuführen ein deutsch-tschechisches Gemisch der Umgebung in der sie aufwuchs, sie "war deutsch getauft auf den Namen Antonie, während Tonka die Abkürzung der tschechischen Koseform Toninka bildet"[2]. Tonka wächst in einem zwielichtigem Viertel mit ihrer Tante, deren unehelichem Sohn und der gemeinsamen Großmutter, in dem Haus einer Kupplerin auf[3]. Schon hier beginnt die Handlung für den Leser unklar zu werden, denn Tokas Tante war eigentlich ihre viel ältere Cousine und auch die Großmutter mit der Tonka aufwächst, ist nicht ihre direkte Großmutter, sondern lediglich die Schwester ihrer Großmutter[4]. Ihre "Herkunft bleibt im Dunkeln, kein Vater und keine Mutter bürgen für ihre Existenz."[5]. Und auch die Frage nach Tonkas leiblichen Eltern bleibt gleich zu Beginn der Novelle offen. Bereits jetzt zeigt sich "die Undurchsichtigkeit in ihrem Geiste"[6], die sich später in Tonkas Wesen widerspiegelt.

Von Beginn an zeigt sich dem Leser Tonkas "Aura"[7] von der sie umgeben ist. Diese "ist jenseits von interlektueller Bildung und gesellschaftlichem Ansehen."[8]. Aber auch "bürgerliche Normvorstellungen"[9] scheinen ihr aufgrund ihrer Herkunft fremd. Somit scheinen auch ihre "Schlichtheit"[10] und "Bescheidenheit"[11] auf ihre Herkunft zurückzuführen zu sein.

Da die Protagonistin mit einer Art 'Gassensprache' aufwächst, liegt es nahe zu glauben, dass dieses "seltsame(s) Gemisch zweier Sprachen", das dort gesprochen wurde, möglicherweise verantwortlich für ihr stummes fast sprachloses Wesen ist. Um sich mitteilen zu können äußert sie sich meist über "irgendeine Sprache des Ganzen"[12]. "Das hier (in Robert Musils Novelle *Tonka*) sogar zweimal auftauchende Singen deutet darauf hin, dass später der Gesang

---

[1] Grossmann, Bernhard: Robert Musil "Drei Frauen" Interpretation, München 1993. S. 80/81
[2] Musil, Robert: Sämtliche Erzählungen, Hamburg 1957. S. 260
[3] Musil, Robert: Sämtliche Erzählungen, Hamburg 1957. S. 260
[4] Musil, Robert: Sämtliche Erzählungen, Hamburg 1957. S.260
[5] Meisel, Gerhard: Liebe im Zeitalter der Wissenschaften vom Menschen – Das Prosawerk Robert Musils, Opladen 1991. S. 107
[6] Musil, Robert: Sämtliche Erzählungen, Hamburg 1957. S. 262
[7] Grossmann, Bernhard: Robert Musil "Drei Frauen" Interpretation, München 1993. S. 84
[8] Grossmann, Bernhard: Robert Musil "Drei Frauen" Interpretation, München 1993. S. 84
[9] Grossmann, Bernhard: Robert Musil "Drei Frauen" Interpretation, München 1993. S. 84
[10] Grossmann, Bernhard: Robert Musil "Drei Frauen" Interpretation, München 1993. S. 84
[11] Musil, Robert: Sämtliche Erzählungen, Hamburg 1957. S. 272
[12] Musil, Robert: Sämtliche Erzählungen, Hamburg 1957. S. 265

zum entscheidenden Kennzeichen Tonkas wird, der auf [...] die "Sprache des Ganzen"[13] verweist."[14].

Im Laufe der Novelle wird Tonka zweimal vom Erzähler mit einer Schneeflocke verglichen. Das Symbol der fallenden Schneeflocke an einem Sommertag soll zum Ausdruck bringen, wie außergewöhnlich und vor allem kurzlebig das Phänomen Tonka ist[15], aber es ruft auch die "Assoziation mit Lieblichkeit, Reinheit und Wunder um mit Einsamkeit"[16] hervor.

2 Wesenszüge des namenlosen Protagonisten "Er" – Der Rationalist

Der Protagonist entstammt den gesicherten Verhältnissen einer Beamtenfamilie[17], dessen Familienoberhaupt frühzeitig eine Krankheit erleidet, auf die im Laufe der Handlung aber nicht genauer eingegangen wird. Die Familie und somit auch der Protagonist, ist von den klassenspezifischen Normvorstellungen seiner Zeit geprägt[18], welche im Laufe der Handlung zu Problemen zwischen seiner Familie und Tonka führt.

Den Wissenschaftler, welchen der männliche Protagonist verkörpert "stellte sich taub gegen alle Fragen, die nicht klar zu lösen sind, ja er war fast ein hasserfüllter Gegner solcher Erörterungen und ein fanatischer Jünger des kühlen, trockenen phantastischen, Bogen spannenden neuen Ingenieurgeist".[19] Vor allem diese Einstellung, aber auch die Kontinuität, die er in Bezug auf seine Arbeit an den Tag legt, machen den Protagonisten zu einem typischen Einzelgänger[20].

Aufgrund der klassenspezifischen Normvorstellungen, aber auch durch die Liebesbeziehung seiner Mutter zu dem Familienfreund "Onkel Hyazinth", verschlägt es den vielseitig Begabten sehr früh auf die Seite des Rationalismus, welcher im Kontrast zu Tonkas Wesen steht[21].

So könnte der Leser vermuten, dass der namenlose "Er" ein analytisch denkender Verstandsmensch ist, der die Liebesbeziehung zur weiblichen Protagonistin nur eingeht, um seine Lebenseinstellung in Opposition zu der seiner Mutter zu führen[22].

Vor allem die differenzierte Sprachfähigkeit des Protagonisten, welche Tonkas Defizit darstellt, ist für die Handlung sehr wichtig. "Er" selbst sieht diese als "imponierende(r)n

---

[13] Musil, Robert: Sämtliche Erzählungen, Hamburg 1957. S. 265
[14] Pekar, Thomas: Robert Musil zur Einführung, Hamburg 1997. S. 90
[15] Grossmann, Bernhard: Robert Musil "Drei Frauen" Interpretation, München 1993. S. 85
[16] Oertel Sjögren, Christine: The Enigma of Musil's >Tonka<, In: Modern Austrian Literature 9, ¾ (1976) S. 100 – 113; S. 434
[17] Grossmann, Bernhard: Robert Musil "Drei Frauen" Interpretation, München 1993. S. 82
[18] Grossmann, Bernhard: Robert Musil "Drei Frauen" Interpretation, München 1993. S. 82
[19] Musil, Robert: Sämtliche Erzählungen, Hamburg 1957. S. 271/272
[20] Musil, Robert: Sämtliche Erzählungen, Hamburg 1957. S. 281
[21] Oertel Sjögren, Christine: The Enigma of Musil's >Tonka<, In: Modern Austrian Literature 9, ¾ (1976) S. 100 – 113; S. 437
[22] Eibl, Karl: Robert Musil – „Drei Frauen" Text, Materialien, Kommentar, Wien 1978. S. 150

Schmuck"[23] und nutzt sie immer wieder zu seinen Zwecken. So auch, als es um die Verteilung des Erbes seiner Großmutter geht[24], wobei Tonka in seinen Augen zu kurz kommt, sie sich selbst aber aufgrund ihrer Bescheidenheit[25] mit ihrem Anteil zufrieden gibt.

Im Gegensatz zu seiner eigenen Person, verliebt sich der Protagonist in Tonkas 'Anders-Sein', womit er selbst aber nicht immer auszukommen scheint. Mit dem Versuch Tonka in die "Abendschule gehn"[26] zu lassen, um ihre Sprachfähigkeit zu differenzieren, könnte man dem Protagonisten unterstellen, er versuche lediglich Tonkas sozialen Status aufzuwerten. Sein Verhalten scheint sich also zwischen Sorge und autoritärem Verhalten gegenüber Tonka zu bewegen.

3   Rationalismus vs. Irrationalismus

Der Definition nach wird Rationalismus als die "Lehre von der Vernunft als oberstem Prinzip der Welt und des Erkennens"[27] bezeichnet. Schaut man sich diese Definition nun genauer an, so können einige Parallelen zu dem namenlosen Protagonisten "Er" gezogen werden, wie er von Musil in seiner Novelle *Tonka* als Rationalist dargestellt wird. Zum einen versucht dieser immer aus Vernunft zu handeln. Dies geht vor allem aus seiner Arbeit hervor. So glaubt der Protagonist nur was wissenschaftlich belegbar ist bzw. bereits durch die Wissenschaft belegt wurde[28], eher "nimmt er lieber einen menschlichen Fehler als Ursache an"[29]. Der Genauigkeit halber könnte man auch sagen, dass die Flucht in den Rationalismus der Versuch ist, sein Leben sehr gradlinig und frei von allem Möglichkeiten zu führen. "Er" scheint sein Leben also durch eine Art "Tunnelblick" zu führen.

Zum Anderen gelangt auch "Er" am Ende der Novelle zur Erkenntnis.

Wie bereits aus dem Gliederungspunkt "Wesen des Protagonisten" hervorgeht, ist der Protagonist Antagonist zur Figur der Tonka, genauer gesagt, steht der positivistische Rationalismus des Protagonisten dem Begriff des Irrationalismus, der sich im Wesen Tonkas widerspiegelt, gegenüber.

Deshalb erscheint es als wichtig, auch für den Irrationalismus an dieser Stelle eine Definition zu geben. Als Irrationalismus bezeichnet man eine "Anschauung, die dem Gefühl den Vorrang gegenüber dem Verstand gibt"[30]. Durch diese Definition und dem Wissen aus dem

---

[23] Musil, Robert: Sämtliche Erzählungen, Hamburg 1957. S. 268
[24] Musil, Robert: Sämtliche Erzählungen, Hamburg 1957. S. 267/268
[25] Grossmann, Bernhard: Robert Musil "Drei Frauen" Interpretation, München 1993. S. 85
[26] Musil, Robert: Sämtliche Erzählungen, Hamburg 1957. S. 273
[27].Hermann, Ursula: Die neue deutsche Rechtschreibung, Gütersloh 1996.
[28] Musil, Robert: Sämtliche Erzählungen, Hamburg 1957. S. 271
[29] Musil, Robert: Sämtliche Erzählungen, Hamburg 1957. S. 277
[30] Hermann, Ursula: Die neue deutsche Rechtschreibung, Gütersloh 1996.

Gliederungspunkt der "Wesenszüge Tonkas" lässt sich die Protagonistin weiter, als 'Nicht-Vestandsmensch', darstellen und definieren. Ihr Handeln ist geleitet von Gefühlen, Spontanität und Musik.

Betrachtet man Tonka nun aus einer anderen Sicht, könnte man behaupten, sie kann gar nicht anders, als sich von ihren Gefühlen leiten zu lassen, da ihr Verstand zu mehr nicht fähig ist. Sie wird sprachlos dargestellt und wirkt deshalb auf den Leser auch nicht sonderlich intelligent. Sie ist der Naturmensch, der nur von Gefühlen geleitet wird.

4 Glauben vs. Wissen – Der Protagonist auf der Suche nach der Wahrheit

Nach der Empfängnis Tonkas, die laut der Berechnung des Protagonisten "in eine Zeit der Abwesenheit und Reisen"[31] fällt, stellt sich für den namenlosen "Er" die Frage nach dem Vater des Kindes.

Ausgehend von der 'stummen' Tonka, die bis zu diesem Zeitpunkt keine Bedrohung darstellte und den rationalen Lebensablauf des Protagonisten nicht störte, wird das Blatt nun gewendet. Plötzlich kommt für den Protagonisten nur Tonkas Untreue oder die Verstrickung ihrerseits in einen Vorgang, der jenseits der menschlichen Auffassungsgabe liegt, in Betracht. Schon das der Protagonisten die Möglichkeit der "jungfräulichen Zeugung"[32] in Erwägung zieht, lässt seinen Rationalismus ins schwanken geraten. Es ergeben sich für seine Entscheidungsfindung nun zwei Möglichkeiten: entweder der Protagonist 'glaubt' ihr sie sei treu gewesen und stimmt somit der Annahme einer "jungfräulichen Zeugung"[33] zu oder "Er" folgt weiterhin dem Weg des positivistischen Rationalismus und bestärkt sich weiterhin in seinem Glauben an die Wissenschaft. Der Glaube an die Wissenschaft gründet für den Protagonisten in ihrer Gesetzmäßigkeit des Beweisbaren, was bei der jungfräulichen Zeugung nicht der Fall wäre. Beide Fälle, also die "jungfräuliche Zeugung"[34] als Beispiel für den Glauben und die Aussage der Ärzte als Sinnbild für die Wissenschaft, schließen sich gegenseitig aus. Es beginnt eine Zeit der Wahrheits- und Entscheidungsfindung. Das Leben mit Tonka wird für den Protagonisten zur Tortur. Zeitweise wünscht er sich Tonkas Tod herbei[35] um seiner eigenen Entscheidungsfindung ein Ende bereiten zu können. Er flüchtet sich in die Wissenschaft und seine Arbeit, die als einzige von seiner rationalistischen Vergangenheit übrig bleibt. Denn unbewusst beeinflusst ihn, damit das er sich bis zu Tonkas Tod für keine Seite entscheidet,

---

[31] Musil, Robert: Sämtliche Erzählungen, Hamburg 1957. S. 276
[32] Musil, Robert: Sämtliche Erzählungen, Hamburg 1957. S. 277
[33] Musil, Robert: Sämtliche Erzählungen, Hamburg 1957. S. 277
[34] Musil, Robert: Sämtliche Erzählungen, Hamburg 1957. S. 277
[35] Musil, Robert: Sämtliche Erzählungen, Hamburg 1957. S. 283

also sich weder gegen Tonka und somit für den Rationalismus ausspricht, der Irrationalismus sehr stark. Dies zeigt sich auch an der Flucht in den Aberglauben. Fest steht, dass die Veränderung im Leben des Protagonisten mit der Schwangerschaft Tonkas einhergeht. Erst als diese stirbt nimmt er seinen Bart ab und sein Leben wird wieder normal. Der Bart steht in diesem Zusammenhang für zwei Dinge: 1. versucht sich der Protagonist damit Tonkas Unattraktivität anzupassen und 2. steht er für den Aberglauben und der Schutz, der ihm dieser bietet.

Tonkas schneeflockenartiges Dasein in seinem Leben hatte es also nicht vollständig geschafft ihn von dem Weg des Rationalismus abzubringen. Dennoch verzeichnet ihr Leben an seiner Seite eine kurzen Ausflug auf die 'andere' Seite des Glaubens, den Tonka darstellte und hinterlässt einen kleinen Schatten[36] auf seinem Leben.

5   Die Protagonistin Tonka als 'andere' Seite des namenlosen Protagonisten "Er"

Der damit letzte Teil dieser Arbeit, soll eine Zusammenfassung der Ergebnisse darstellen, die in den vorausgegangenen Gliederungspunkten diskutiert wurden.

Somit soll die Frage beantwortet werden, ob man Tonka als die 'andere' Seite des namenlose "Er" bezeichnen kann.

Schaut man sich erneut die beiden Charaktere an, so fällt zwar im ersten Moment auf, dass die beiden Protagonisten ziemlich verschieden sind, doch fällt erst auf den zweiten Blick auf, das Robert Musil seine Hauptakteure sehr gegensätzlich gestaltet hat. Sie sind sich vollkommen komplementär. Tonka, das naturhafte, einfache, fast stumme, zumindest wenig sprachgewandte Wesen aus zwielichtiger Herkunft und "Er", der Verstandsmensch aus der von Normvorstellungen geprägten Beamtenfamilie. Schon die in den vorherigen Gliederungspunkten genutzten Synonyme 'Irrationalismus' und 'Rationalismus', genau wie 'Wissen' und 'Glauben' deuten auf die Gegensätzlichkeit der beiden Personen hin. Aber nicht nur die Gegensätzlichkeit ist hierin zu sehen, denn eigentlich schließen sich die Wesen einander aus. So wie der Protagonist dem Rationalismus des Verstandes verbunden ist, kann er mit dem gefühlvollen Wesen der irrationalistischen Tonka nicht übereinkommen. Somit scheint Tonka von Anfang an einfach an seiner Seite zu 'existieren'. Tonka übt zwar deutlichen Einfluss auf den namenlosen Protagonisten aus, aber erst als sie schwanger wird, wird deutlich, wie sehr ihr Einfluss zu wirken beginnt. Der Protagonist beginnt übermenschliche, gar irrationale Geschehnisse wie die "jungfräuliche Zeugung"[37] in Betracht

---

[36] Musil, Robert: Sämtliche Erzählungen, Hamburg 1957. S. 293
[37] Musil, Robert: Sämtliche Erzählungen, Hamburg 1957. S. 277

zu ziehen. Dies geschieht zwar indirekt nur dadurch, dass er sich bis zum Schluss nicht dafür entscheidet Tonka zu verlassen und damit dem Irrationalismus ein Ende bereitet hätte.

Tonka scheint eine Art "Platzhalter des 'mystischen' Komplements zur positivistischen Rationalität"[38] des Protagonisten darzustellen. Sie füllt den Teil seines Lebens wieder aus, welchen der namenlose "Er" mit der gegensätzlichen Lebenseinstellung, die er zu seiner Mutter aufgebaut hat und seiner Arbeit wieder zunichte gemacht hat. Sie verkörpert seine 'andere' Seite, die er scheinbar aber nicht anzunehmen bereit ist. Trotzdem hat ihn der gemeinsame Lebensabschnitt mit Tonka verändert. Denn ihr Dasein hinterlässt einen "kleine(n)r warme(n)r Schatten"[39] auf seinem Leben, der möglicherweise als Spur von Irrationalität zu deuten ist und damit die rationalistisch geprägte Lebenseinstellung ein wenig abschwächt.

---

[38] Eibl, Karl: Robert Musil – „Drei Frauen" Text, Materialien, Kommentar, Wien 1978. S.
[39] Musil, Robert: Sämtliche Erzählungen, Hamburg 1957. S. 293

6 Bibliographie

- Musil, Robert: Sämtliche Erzählungen, Hamburg 1957.

- Eibl, Karl: Robert Musil – „Drei Frauen" Text, Materialien, Kommentar, Wien 1978.

- Luserke, Matthias: Robert Musil, Stuttgart; Weimar 1995.

- Meisel, Gerhard: Liebe im Zeitalter der Wissenschaften vom Menschen – Das Prosawerk Robert Musils, Opladen 1991.

- Grossmann, Bernhard: Robert Musil "Drei Frauen" Interpretation, München 1993.

- Pekar, Thomas: Robert Musil zur Einführung, Hamburg 1997.

- Oertel Sjögren, Christine: The Enigma of Musil's >Tonka<, In: Modern Austrian Literature 9, ¾ (1976) S. 100 – 113

- Hofmann, Renate: Literautr und Erkenntnis: Robert Musils Erzählung ‚Tonka', In: Deutsche Vierteljahresschrift für Literaturwissenschaft und Geistesgeschichte 59 (1985) S. 497 – 518.

- Hermann, Ursula: Die neue deutsche Rechtschreibung, Gütersloh 1996.